1909

UN PÉRIL NATIONAL

LE

FONCTIONNARISME

La plus grande calamité du siècle

SES ABUS

LE MAL --- LE REMÈDE

LE MOYEN D'ÉCONOMISER UN MILLIARD !!!

PAR

AEM

Tous droits de reproduction réservés

1909

UN PÉRIL NATIONAL

LE

FONCTIONNARISME

La plus grande calamité du siècle

SES ABUS

LE MAL --- LE REMÈDE

LE MOYEN D'ÉCONOMISER UN MILLIARD !!!

PAR

AEM

Prix 0,30 centimes

Le Fonctionnarisme est à la France
Ce que le poison était aux Borgia.
ALEXANDRE.

Avant-propos

Dire que le « Fonctionnarisme » est un « fait nouveau », non; mais dire que le « Fonctionnarisme » est, à l'époque actuelle le « Phylloxera social », oui.

Le développement anormal de ce « Fléau contemporain » crée un véritable danger national pour la classe ouvrière et la génération future.

A lui seul, il fait plus de tort que toute la séquelle de mauvais politiciens qui pullulent au Sénat et à la Chambre des Députés, autrement dit « Chambre des Incohérents », ou mieux « Folies-Bourbon ».

Il fait plus de tort que la plus néfaste des grandes guerres continentales dont on puisse prématurément envisager le résultat, en cette ère de faux progrès...... humanitaire......

Cet organe cancéreux existe dans les Ministères, dans les grandes Administrations publiques, dans les Préfectures, dans les Trésoreries générales, dans les Postes diplomatiques, etc..... (et il en faut abréger !)

Des « attachés » de ci, de là, des « embusqués » d'une nullité légendaire y grouillent du matin au soir et, vice-versa, du soir au matin, dans les antichambres, dans les couloirs, dans les cabinets de..... débarras. partout !....

Insinuation, exagération, sans doute ?.... c'est encore au-dessous de la vérité....

Comme l'a fait judicieusement et précédemment remarquer mon confrère Flamine : Ministres, Sénateurs, Députés, Préfets, imposent à l'Etat, leurs rejetons, et les casent au mépris de tout règlement dans les meilleures « sinécures » de cette « bonne vache à lait » qu'est la troisième République; ils « palpent » de gros émoluments qu'ils partagent habituellement entre les bocks, les femmes et les jeux. C'est le cas de dire que « bombardés piliers d'État » lesdits rejetons seraient mieux « piliers de cafés ». C'est répugnant! D'aucuns garnissent leur gousset en émargeant aux fonds secrets, ou en escomptant la crédulité de leurs amis qu'ils « tapent » sous le fallacieux prétexte de se préparer aux élections législatives;

D'autres vendent des situations, des décorations, des « recommandations » pour faire décrocher une palme quelconque dont le prix a beaucoup baissé depuis Wilson — on peut en obtenir pour trois cents francs, et même moins....., il n'y a pas de sots profits!......

Quoi d'étonnant à ce « tripatouillage » dans cette République d'Assiette au Beurre. — tout y est permis; et puis, le contribuable, bonne poire pour la soif, n'est-il pas là pour..... la note à payer?..

Il vous est encore présent à la mémoire l'aventure de ce malheureux qui avait graissé la patte à cet attaché de cabinet pour acheter une justice de paix? — est-elle cocasse, — les naïfs crièrent au scandale;... peut-on être aussi..... « simple ». — Ce n'est pas un scandale dans le « Fonc-tion-na-riat », c'est un fait habituel, journalier, un article courant.....

J'amplifie, cette fois? — non; Dernièrement, tout dernièrement l'Instruction Publique n'a-t-elle pas « monté » une « Direction » en Indo-Chine, pour qui? — pour quoi? — pour qu'est-ce? — pour le neveu à « Mossieu l'ex-irréductible Président du Conseil Municipal D....., depuis député « passé au Bloc »; lequel neveu était tout simplement quelque chose comme répétiteur-adjoint au collège Chaptal! « demi-pion » en un mot; — quel saut? — mais aussi le peuple « engraisse » un fonctionnaire de plus..... Et cet autre tour de passe-passe en faveur de X... nommé pour la f-o-o-r-m-e Sous-Préfet à 23 ans! (poste aléatoire) pour permettre à cette nullité de rentrer d'emblée à l'Hôtel-de-Ville « sans examen », après démission préalable. toujours pour la f-o-o-r-m-e, comme « Rédacteur principal ». (poste de tout repos)!.....

Qui vous empêche d'en faire autant?

(Pas vu, pas pris); — Si vous êtes pris, criez bien haut; on vous remplira vos poches pour vous faire taire.....

O doux régime démocratique!!!

. . . .

Non seulement constater, mais encore tolérer, entretenir au vingtième siècle, une telle pléiade de ces « rois fainéants » qui se repaissent, se gavent de la sueur du prolétaire dont ils extirpent cyniquement la quintessence, c'est navrant, avilissant!

Jamais, jamais, sous la Royauté ou sous l'Empire, il ne s'est fait un tel gaspillage éhonté des deniers de la masse productrice.

Je sais bien que je risque de m'attirer les foudres de ces « pantins » qui nous gouvernent en osant divulguer, propager de la sorte, l'état comateux dans lequel nous nous trouvons;

Je sais bien que je risque de passer pour un farouche conspirateur, un exhalté, un utopiste; voire même, dernier coup de pied de l'âne, un « réactionnaire » (mot très à la mode qui s'emploie à toutes les sauces), pour émettre semblable appréciation; mais il est facile de contrôler, par ce qui va suivre, ce que j'avance en toute connaissance de cause; et, c'est conscient d'un devoir utilitaire à accomplir à mes risques et périls que je ne crains pas de faire appel au gros bon sens du public pour m'aider dans cette tâche de « Désinfection nationale »...

LE MAL

Le Fonctionnarisme.— Définition.

Il faut entendre par « Fonctionnarisme », non seulement la vaste agglomération des « Fonctionnaires » proprement dit, mais encore l'encombrante et tonitruante corporation des « Budgétivores ».

Les uns : Trésoriers-Payeurs Généraux, Receveurs particuliers des Finances, Directeurs généraux, etc..., et les autres : Ministres, « *Quinze Mille* », Sous-Préfets, etc... se confondent pour toucher des émoluments aussi inespérés que scandaleux, ne correspondant pas du tout à la besogne utile qu'ils sont appelés à faire et qu'ils devraient faire pour le pays.

Ceux-là ne peuvent se jalouser étant de même acabit. ils se valent, ils s'entendent....

Mais par contre, il ne faut pas confondre ces « Hauts Parasites » avec leurs sous-ordres : les « Assimilés », obscurs plumivores automatiques réduits à l'état de gent domestique, qui triment pour Eux et sont tenus à l'écart par Eux; véritable bétail humain plus encore exploité que l'ouvrier, par l'Etat-patron, sous prétexte qu'il est assuré d'une modeste retraite pour les vieux jours (1)......

Les pôvres! ils s'éteignent avant d'en profiter, toujours quelque peu atrophiés dans la proportion de 82 0/0.... et l'argent de leurs propres retenues (1) n'est même pas remboursé aux familles intéressées!...

La voilà bien la mutualité au XXe Siècle, en République « Sociale » ! ! !

---

(1) 60 ans d'âge, 30 ans de « machinalisme » — Retenues de 5 0|0 sur le traitement annuel. — Retenues du douzième à chaque augmentation.

Le Fonctionnarisme. — Ses abus.

Cependant le Pouvoir Fonctionnariste a sa raison d'être dans tout pays civilisé, ne serait-ce qu'au point de vue comptable, mais les abus aussi nombreux, aussi onéreux, aussi iniques que ceux qui existent actuellement dans l'Ad-mi-nis-tra-tion française, — que l'Europe nous envie! — nuisent à la dignité de sa charge, ternissent la réputation d'intégrité qu'il devrait logiquement avoir, et indisposent au suprême degré l'opinion publique dont le dégoût pour lui est légendaire.

Le Fonctionnarisme. — Ses causes.

Les causes réelles en sont multiples, et le « Messie » pouvant se targuer de les connaître toutes est encore à venir.

Ainsi, les principales, indiscutables, qui grèvent le budget national, peuvent se diviser en deux groupes distincts émanant tous deux de la politique, car rien ne se fait en France sans politique.

1o L'Arrivisme...

2o Le Favoritisme.

1o L'ARRIVISME. —. C'est certainement celui qui est le plus coûteux à la sueur du peuple car il peut naître du jour au lendemain de par la seule volonté du Gouvernement qui n'a garde d'en user, surtout au moment des élections.

Son pouvoir occulte fait surgir instantanément :

1o Des créations incompréhensibles de nouveaux portefeuilles ministériels qui n'ont d'utilité que celle de « caser les fidèles », comme le Ministère du Travail et de la Prévoyance Sociale, séparé intentionnellement du Ministère du Commerce.

2o Des créations encore plus incompréhensibles de Sous-Secrétariats d'État, qui font double emploi, par conséquent « double paye », avec celles prédésignées, toujours pour caser les fidèles « aux frais de la prineesse », comme le Sous-Secrétariat d'Etat à la guerre chargé de divulguer, pour la galerie... ce que tout le monde connaît;

3º Des Hauts Postes Coloniaux, à des prix exhorbitants, comme le Maire de Lyon, hier; Gouverneur de Madagascar, aujourd'hui; traitement minimum 100.000 francs!

4º Des Trésoriers-payeurs généraux dont l'inutilité axiomique n'a pas besoin d'être démontrée...

5º Des Receveurs Particuliers des Finances...... itou...

6º Des Sous-Préfets...... ô innocence! (450 à liquider au rabais)!...

7º Des attachés d'ambassades, de consulats, de légations...... placement de tout repos pour...., fils à papa; etc...

Tous ces postes s'obtiennent « à l'œil ». point n'est besoin de la « carrière », point n'est besoin de valeur d'études, d'aptitudes spéciales, il suffit à l'heureux gagnant *d'être dans la manche, de nager dans les eaux, de suivre le mouvement......* politique, bien entendu.

LE FAVORITISME. — Rénovateur de l'Inquisition, c'est la bête noire de la carrière; il échappe apparemment au Public parce qu'il opère mystérieusement, à l'ombre, dans les coulisses; il incarne par excellence la lutte du pot de terre contre le pot de fer, lutte sourde, inégale, qui brise parfois de bien modestes situations! — il est réconfortant d'ajouter que son temps paraît « compté », tout comme a été celui de feu Nabuchodonosor (*Mane Thecel Phares*).

De même que l'arrivisme, dont il est le complément, il dispose de moyens nombreux tous plus sournois, tous plus illicites les uns que les autres; par exemple:

a. — les nominations scandaleuses (*dites au choix*), opposées à l'ancienneté, qui ne tiennent aucun compte des états de services;

b. — les avancements... idem, obtenus non par mérite, mais par *piston*;

c. — les créations « ad hoc » pour caser, avantager...
la famille;

d. — les allocations supplémentaires, les gratifica-
tions, prises sur l'ensemble en général au profit de
quelques-uns en particulier;

e. — les applications du complexe, « règlement
intérieur » différemment interprété et appliqué..... suivant la tête!

Le Fonctionnarisme. — Ses conséquences.

Ses conséquences ? Mais elles apparaissent, dans leur
obscénité aux yeux de tous, du plus petit au plus
grand, et peuvent se résumer dans l'étonnante *féconda-
tion* de ces « Messieurs » les Fonctionnaires, les Budgétivores, de la grande famille des voracifères, évaluée
à 950.000 êtres, dits animés, par l'honorable confrère
Jean Frollo, qui croissent, se décuplent sans nécessité
avec une rapidité inquiétante depuis l'avènement au
trône de Sa Majesté « La République Troisième »...
Ses conséquences ? Mais elles ont comme résultats
les plus appréciables:

1° Répercussion sur la Poche des Travailleurs :
Augmentation énorme de la dette Publique ;

2° Répercussion sur la Poche des Travailleurs :
Augmentation énorme des Impôts ;

3° Répercussion sur la Poche des Travailleurs :
Augmentation progressive du prix du confort indispen-
sable individuel (entre autres : Alimentation. Habitation
et tous objets de première nécessité);

4° Répercussion sur la Masse des Travailleurs :
Insuffisance du salaire. — Abandon de l'ouvrage agri-
cole. — Malaise général. — Aberration des idées. —
Nervosisme. — Division des partis. — Haines religieu-
ses. — Multiplicité des Grèves. — Atavisme. — Affais-
sement de la Prospérité nationale ;

5° Le Mépris Public, « comme les neiges éternelles »
qui.... passera à la postérité;

6° Enfin, point capital qui intéresse l'avenir du pays,
sa vitalité future : ce sont les « tares » de ce fonctionnarisme qui grèvent le Trésor Public auquel tous
y contribuent d'une manière directe ou indirecte,
de la formidable somme de UN MILLIARD ! ! !

Par conséquent, il ne saurait trop être répété : c'est
à ce Fonctionnarisme comprenant les Fonctionnaires
d'une part, et les Budgétivores part, d'autre que
l'ensemble des Travailleurs lui doit d'avoir, sous un
régime « pseudo-socialo-républicain ».

Le fameux budget des QUATRE MILLIARDS !

« *Exactement 4.005.224.676 francs, exercice 1909,* »
(au lieu de trois, ce qui est déjà très respectable) !
Pour posséder quoi ? — rien ! —
Pas de Gouvernement stable et capable de « gou-
verner » — **Pas de Navires**.... à la Marine, — pas de
Munitions à la Guerre, — pas de **Travail**.... au Travail,
— et, ce qui est plus grave, « pas le sou ».... aux
Finances......
Pauvre France !

LE FONCTIONNARISME

Le remède — vox populi : Épuration

L'ultime remède qui s'impose, le seul répondant bien à la nécessité présente, le seul pouvant donner entière satisfaction au vœu populaire, l'*EPURATION*, peut-être symbolisé dans la triade suivante:
Suppression. — Réduction, — Diminution...

Suppression (des uns)

Droit au but. — Par application de ce qui précède.

EN CE QUI CONCERNE :

1º *La douzaine de Portefeuillards* en fonctions, les ministères d'ordre secondaire peuvent facilement être remplacés, à bien meilleur marché, par des Sous-Secrétariats d'Etat: les Beaux Arts, les Postes, Télégraphes, Téléphones fonctionnent *tout aussi mal* qu'un ministère quelconque, mais pas plus. ! — Or, de deux maux il faut choisir le moindre.

Le Ministère dit « du Travail et de la Prévoyance Sociale » n'a jamais prouvé « l'utilité d'être sectionné » du Ministère du Commerce et de l'Industrie? Au point de vue « TRAVAIL », il n'a pas développé davantage le travail, — encore moins enrayé ou supprimé la grève? Au point de vue « PRÉVOYANCE SOCIALE », il n'a été d'aucune efficacité pour « les retraites ouvrières »…. miroir à allouettes des bonnes âmes..... (y penser toujours, n'en parler jamais.... comme « le milliard » des congrégations, autre fumisterie..... Il a seulement eu la « prévoyance », pour son *confortabilicheun* c'est une justice à lui rendre; de grever le budget de quatre millions, se décomposant comme suit :

Pour sa nouvelle installation *princière* (au titre socialiste!). 3.360.000

Pour sa propre Excellence, y compris la smalah (personnel et matériel de l'Administration centrale). 640.000

. . . . ci: 4.000.000

bagatelle, représentant le salaire annuel de..... 1.600 travailleurs consciencieux, en prenant comme chiffre de base la moyenne de 2.500 francs.....

Alors, c'est une blague? — oui, — et une mauvaise blague car elle coûte déjà à la classe laborieuse la somme rondelette de QUATORZE MILLIONS. (exactement 14.245.339 francs. — Exercice 1909.

D'ailleurs, il n'est pas plus concevable de scinder le Travail du Commerce, que le Commerce de l'Industrie; ils sont inséparables l'un de l'autre.

DONC, A SUPPRIMER.

En conservant le strict nécessaire: Intérieur, Finances, Affaires Etrangères, Marine, Guerre, Commerce. Colonies.

On réalise :

1re *Economie au Trésor Public:*

Suppression rationnelle autant que raisonnée du Ministère dit « du Travail et de la Prévoyance Sociale », à réintégrer d'office au Ministère du Commerce et de l'Industrie, double emploi, ... ci: 4.000.000

Suppression des quatre autres ministères de second ordre, y compris Cheffat, Secrétariat. Directariat et tout le tralala du Cabinet, faux frais: (représentation, déplace-

A reporter: 4.000.000

Report : 4.000.000

ments, et...... divers retours de bâton !) — le tout évalué, au bas mot, chaque, à 650.000 francs, ×4. . . . . ci 2.600.000

2o Les 2 Sous-Secrétariats d'Etat à l'Intérieur et à la Guerre (d'hilarante mémoire): *ils* n'ont d'utilité que celle de faire double emploi avec MM. les « Miniss » déjà y attachés.

DONC, A SUPPRIMER :

ON REALISE :

2me Economie au Trésor Public:

Suppression motivée des doublures ci-dessus, bazar compris, le tout expertisé, chaque à 75.000 francs . . . . . . ci: 150.000

3o Les Trésoriers-Payeurs généraux, Payeurs particuliers, Receveurs Particuliers des Finances de France et des Colonies, postes exclusivement politiques, véritables sinécures: (Favoritisme surchoix !)

« *Ils font faire leur travail* » par un ou plusieurs fondés de pouvoir, suivant l'importance du département, dont la rétribution annuelle pour chacun d'eux ne dépasse guère 6.000 à 6.500 francs en moyenne: *Ils* se contentent d'émarger au Grand Livre de Paye Nationale pour une modeste solde variant de:

100.000 à 125.000 fr. chacun, pour cinq d'entre eux
50.000 à 65.000 fr. chacun, pour sept ou huit autres moins bien partagés,
35.000 à 40.000 fr. chacun, pour trente suivants moins favorisés,etc. etc.

A reporter : 6.750.000

Report : 6.750.000

Pour édification, ci-après léger aperçu du salaire de quelques uns de ces déshérités..... qu'il est intéressant de consulter :

En France

Trésoriers Payeurs Généraux de moins francs et plus :

Gironde-Bordeaux............................ 100.000
Bouches-du-Rhône-Marseille............ 120.000
Rhône-Lyon 115.000
Nord-Lille 110.000
Seine-Inférieure-Rouen.................... 100.000

Trésoriers Payeurs Généraux de moins de 100.000 francs :

(Indication du chef-lieu de Trésorerie)

Saint-Étienne...	70.000	Dijon	42.000
Montpellier.....	65.000	Caen ,..........	40.000
Toulouse........	62.000	Chartres........	40.000
Laon............	55.000	Orléans........	40.000
Nantes.........	53.000	Melun	47.000
Châlons-s-M....	61.000	Beauvais.......	46.000
Versailles......	60.000	Clermont-Fd...	44.000
Tours	53.000	Angers.........	40.000
Rennes	51.000	Mâcon..........	40.000
Grenoble	50.000	Le Mans.......	40.000
Evreux.........	50.000	Nevers.........	40.000
Nîmes..........	50.000	Pau	42.000
Arras..........	55.000	Toulon.........	43.000
Nancy.........	50.000	Bar-le-Duc	40.000
Saint-Lô.......	46.000	Poitiers........	35.000
La Rochelle ...	45.000		

A reporter : 6.750.000

Report: 6.750.000

Aux Colonies

Trésoriers Payeurs à:

Kayes	60.000	Réunion	40.000
Saint-Louis	66.000	Nouv.-Calédonie	40.000
Cayenne	50.000	Guadeloupe	35.000
Alger	45.000	Dakar	35.000
Saïgon	45.000	Constantine	35.000
Hanoï	40.000	Oran	27.500
Martinique	40.000		

Il y a lieu d'ajouter l'importante Recette Centrale de la Seine dont l'heureux titulaire se fait plus de 50.000 francs !

Quant aux Receveurs Particuliers des Finances ils ne gagnent que la moitié environ des Trésoriers Payeurs Généraux pour servir, en pratique, de « commissionnaires » entre ces derniers et les Percepteurs, tout comme les Sous-Préfets entre les Préfets et les Maires; c'est la misère noire!...

PEUPLE! ES-TU ASSEZ TONDU ?

En remplaçant ces « Hauts Légumineux » par les percepteurs tout aussi au courant du service, auxquels seraient adjoints les agents travailleurs, sérieux et méconnus des grandes Banques: Banque de France, Comptoir d'Escompte, Crédit Lyonnais, Société Générale, Crédit Industriel, etc...) ; en faisant ccentraliser les écritures comptables par une Administration compétente : La Caisse des Dépôts et Consignations; en faisant contrôler les opérations par le Département des Finances; ce projet embryonnaire, for-

À reporter: 6.750.000

Report: 6.750.000

cément incomplet, « mais très réalisable ».
permettrait de récupérer le bénéfice suivant :

3me *Economie au Trésor Public :*

**Suppression des 87 Trésoriers Payeurs
Généraux en France et du Receveur Central
de la Seine, coûtant annuellement:**

Emoluments fixes	1.044.000	
Frais de Personnel et du Matériel y compris la Recette centrale de la Seine, mais non compris le personnel auxiliaire..............	4.942.000	Ensemble 5.996.000
Frais de Trésorerie........	10.000	

**Suppression des 31 Trésoriers Payeurs
ou Payeurs Particuliers aux Colonies, coûtant annuellement:**

Emoluments..............	2.025.000	
Indemnités allouées pour frais de personnel, matériel, etc	1.225.000	Ensemble 3.250.000

**Suppression des 273 Receveurs Particu-
liers des Finances qui font double emploi
avec les percepteurs et qui peuvent se
donner la main avec les inutiles Sous-Préfets, coûtant annuellement:**

Emoluments fixes.........	654.000	
Leur Commission.........	1.556.500	
Indemnités pour la Surveillance des Caisses d'Epargne	145.000	Ensemble 2.512.500
Indemnités pour services exceptionnels	17.000	
Commissions variables sur achats de rentes.........	140.000	

4o Les Sous-Préfets! (encore du favoritisme surchoix) ils n'ont d'utilité, si utilité
il y a, que de servir de commissionnaires

A reporter: 18.508.500

Report : 18.508.500

entre les Maires et les Préfets...., or, les commissionnaires coûtent 1 fr. 50 par course, les Sous-Préfets reviennent, en moyenne, l'an à 7.500 francs par tête. (Les Préfets coûtent plus du double).

DONC, A SUPPRIMER :

On réalise :

4me *Economie au Trésor Public :*

Suppression radicale des 450 Sous-Préfets pour le motif invoqué ci-dessus, coûtant annuellement; savoir :

Emoluments 1.069.200
Frais de matériel .... 473.000 }Ensemble   3.375.000
Indemnités, allocations diverses, environ.......... 1,832.800

5o Les Directeurs généraux de tous les Ministères, qui touchent 25.000 fr, entre autres ceux des Affaires Etrangères, Colonies (Tunisie), Finances ; Comptabilité Publique, Contributions Directes, Indirectes, Douanes, Enregistrement, Domaines et Timbre, Manufactures de l'Etat, etc.... ! *ils n'ont d'utilité* que le titre nominal et « galletaire », puisque leur service est assuré par des subalternes : Directeurs, ou Sous-Directeurs, ou Chefs de Division ; Inspecteurs, Ingénieurs en Chef ou ordinaires ; — alors? toujours double emploi? — A SUPPRIMER....

On réalise :

5me *Economie au Trésor Public :*

Suppression radicale de ces « Importants » y compris faux frais ! et Directeur Général des Tabacs Ottomans (30.000 francs ...... *cher le tabac* !) ...... ci: 450.000

1er Total d'Economie par suppression.......   22.333.500

Réduction (des autres)

Toujours par application de ce qui précède, la première réduction appréciable est nécessairement celle des Membres du Parlement: il en manque toujours la « moitié » souvent plus...., et le pays est aussi bien... grevé! — par conséquent, à réduire sans remords:

ON REALISE:

6me *Economie au Trésor Public:*

Réduction de moitié des QUINZE MILLE dont le coût annuel se détaille comme suit:

Sénateurs (300 membres) prix de revient 6.620.000
Députés (591 membres) prix de revient. 11.792.660

Soit... 891 dirigeants pour 18.412.660

Ils absorbent à eux seuls le salaire de 7.365 « travailleurs » gagnant un minimum de 2.500 francs par an! et pour faire quelle besogne!

La « moitié » suffit : (18.412.660 : 2) ci: 9.206.330
de même pour leurs sécrétaires généraux (4 au Sénat. 4 à la Chambre) soit $\frac{12.000 \times 8}{2}$ ci: 48.000

Il serait encore plus simple de les payer par jeton de présence; — donnant, donnant; — *pas de travail pas d'argent;* — ils pourraient alors flemmer ou politicailler à leur aise!

En ce qui concerne le coûteux Ministère des Affaires Etrangères il y a une véritable hécatombe à faire parmi les « papillonneux attachés d'ambassade, de consulats,

A reporter : 9.254.330

Report : 9.254.330

de légations, sans oublier ceux de Sa Grandeur Ministérielle :

10 Ambassades (à 40.000 fr.) coûtent.	400.000
12 Ministres plénipotentiaires de 1re classe à 30.000 fr........	360.000
19 Ministres plénipotentiaires de 2e classe, à 24.000 fr.,........	456.000
34 Secrétaires d'ambassade......	366.000
29 do de légation	303.000
3 do d'agences diplomatiques...................	32.000
37 Consulats généraux..........	1.048.000
96 Consulats....................	1.859.500
12 Consuls suppléants	84.000
84 Vice Consulats...............	981.500
39 Agents interprètes...........	234.700
33 do	249.000
7 Chancelleries d'ambassade ...	77.500
21 do de légations.....	192.000
32 do de consulats généraux	265.000
47 do de consulats....	349.000
(sans compter les élèves vice-consuls)	

Soit 515 têtes.................. pour 7.257.200

Il faut ajouter :

Frais de représentation pour les ambassades...........................	1.035.000
Frais de représentation pour les légations..........................	542.000
Frais de représentation pour les agences diplomatiques et consulats généraux......................	37.000
Frais de voyages, transports, correspondances évalués à.............. fr.	2.500.000
	11.371.200

Soit à 11.371.200 : 515 = **22.080** le prix de revient « Moyen » de chaque représentant intra ou extra muros.........

Puis,

M. le Ministre et le Personnel de l'Administration centrale s'inscrivent pour	1.100.000
Les « Dépenses secrètes » pour un autre	1.000.000

Ensemble.......... 13.471.200

A reporter : 9.254.330

Report : 9.254.330

En réduisant « du quart » au lieu de la moitié en raison des grandes artères de ce département.

ON REALISE :

7me *Economie au Trésor Public :*

Réduction « raisonnable » quantitative des extraordinaires privilégiés du Ministère des affaires étrangères :
(13.471.200 : 4). . . . . , ci : 3.367.800

En ce qui concerne le Ministère des Colonies, aussi complexe, si ce n'est plus que son alter ego: les Affaires Etrangères, les Hauts Postes, ceux où l'on se fait « *du lard* » sans même avoir besoin de connaître sa géographie élémentaire, sont encore un produit du favoritisme; — la place manque pour en donner un léger aperçu, rien que le Gouverneur Général de:

l'Indo-Chine coûte, la pièce!.... 125.000 à 150.000
l'Algérie coûte, la pièce........ 100.000 à 120.000
Madagascar coûte; la pièce.... 100.000 à 110.000
l'Afrique Occidentale coûte, la p. 75.000 à 90.000

Ces quatre *Primeurs* d'une chèreté incomparable ont encore l'avantage de s'occuper de « grandes constructions » et d'augmenter « quelque peu leurs petits revenus », comme certain candidat à la Présidence....

En opérant dans la même proportion que pour le Ministère des Affaires Etrangères, afin de ne pas créer de jalousie dans la « Collèguerie ».

A reporter : 12.622.130

Report : 12.622.130

ON RÉALISE :

8me *Economie au Trésor Public :*

Réduction « modérée » du quart du Gros Personnel de l'ample département des Colonies y compris le Haut personnel Civil et militaire de l'Administration Centrale (laissé à la propre initiative du Ministre intéressé qui passe pour vouloir « réellement » faire des économies. — (C'est extraordinaire !...) . . . . ci : 3.500.000

EN CE QUI CONCERNE :

Le Ministère des Finances :
Le « service » de son Excellence le Grand Argentier comprenant :

1º LUI d'abord et le personnel de l'Administration centrale qui occupe 6 Directeurs Généraux à 25.000, 4 Directeurs à 20.000 revient à...... 3.873.090
le personnel central des Administrations financières 1.717.950
Indemnités diverses................. 44.550
Dépenses ordinaires de l'Administration centrale 358.930
2º Le personnel de l'Administration des Contributions Directes, indirectes, Douanes, Enregistrement, Domaines et Timbres, Manufactures de l'Etat (sans comprendre les agents non commissionnés), revient à 120 000.000 !

125.994.520

C'est éblouissant !...... fantastique !...
Les prolétaires ont le droit de se demander, eux, *les pressurés* qui auraient encore à supporter le contre-coup du « fameux impôt sur le revenu », s'il était jamais ra-

A reporter : 16.122.130

Report: 16 122.130

tifié par le Sénat, pourquoi le « Crésus de France » ne commence pas par économiser lui-même sur son propre Département ?

Car il y a « *à tailler* » dans le haut personnel inutile qui figure en « part du lion » dans cette mirolifique dépense de Cent Vingt-six millions !

En réduisant cette gabegie, même dans une modeste proportion, sans nuire aux multiples rouages nécessaires ;

ON REALISE :

9me *Economie au Trésor Public :*

Réduction sensée dans les « Roitelets » de ce département, savoir :
du cinquième pour l'Administration Centrale (5.994.520 : 5) = ... ci : 1.198.904
du dixième réparti sur l'ensemble des autres administrations (120.000.000 : 10) = ... ci : 12.000.000

Quant au Ministère de l'Intérieur, pilier de la Nation.... Son altesse Royalo-Impérialo-Républicaine « Le Premier des Incohérents » et aussi le « Premier Flic » de France, coûte :

Traitement du Ministre et Personnel de l'Administration centrale 1.400.000
Avec le traitement du Personnel des Fonctionnaires Administratifs des départements.................... 5.000.000
et le traitement du Personnel des Préfectures (c'est pour rien)!....... 4.389.000
Total.......... 10.789.000

A reporter : 29.321.034

Report : 29.321.034

En coupant radicalement le mal par la racine n'en déplaise aux opérés pour cause, d'utilité publique,

ON RÉALISE ;

10me *Economie au Trésor Public :*

Réduction fondée des « Fonctionneux » de cet important Département dans la proportion, savoir :

du cinquième pour l'Administration
centrale (1.400.000 : 5) = ... 280.000
du quart pour l'Administration Départementale et préfectorale
(9.389.000 : 4) = ... 2.347.250

ci : 2.627.250

En ce qui concerne le Ministère de la Guerre ?...... c'est la guerre !

Le Ministre, son personnel militaire, son personnel civil de l'Administration Centrale 3.830.590
Les Etats Majors métropolitains (y compris ceux d'Algérie et de Tunisie) coûtent 28.006.615

Total..... ... 31.837.205

En appliquant le système « d'épuration » éminemment pratique.

ON RÉALISE ;

11me *Economie au Trésor Public :*

Réduction du cinquième pour l'Administration centrale savoir :
3.830.590 : 5 = ... 766.118
Réduction du quart pour tous les Etats-Majors (28.006.615 : 4)= 7.001.654

ci : 7.767.772

A reporter : 39.716.059

Report: 39.716.056

Et pour les suivants,
12ᵉ, 13ᵉ et 14ᵉ Économies au Trésor Public:

Même opération salutaire pour les « Gros bonnets de la Marine », ... ci: 6.500.000
Même opération salutaire pour l'Agriculture qui accuse:

Frais Ministériels et Personnel de l'Administration Centrale......... 1.200.000.
Frais de missions, répartitions, frais divers..,...................:...... 8.800.000
Soit........,. .10.000.000

Un tiers de trop, soit : (10.000.000 : 3) = .ci : 3.333.333

Même opération salutaire pour les autres Ministères :

Instruction Publique, Beaux-Arts.... 3.200.000
Travaux Publics et Postes et Télégraphes....................... 4.460.651
Justice (quelle dérision)! et ses frais.. 7.000.000
Commerce et Industrie............. 574.000
Cultes, qui bien que supprimés, coûtent encore....................... 505.800
Soit......... 15.740.451

à réduire du quart (15.740.451 : 4) ci : 3.935.113

2ᵉ Total d'économie par réduction..........53.484.502

Diminution (des traitements à tous)

Il est superflu de dire que le mot « tous » s'applique exclusivement, comme à la rubrique *Suppression, Réduction*, aux fonctionnaires ou budgétivores dont les émoluments orgiaques dépassent douze mille francs par an.

Cette somme (mille francs par mois !) leur permet suffisamment de...., vivre et de représenter.....

D'ailleurs ces Parvenus de Marque sont pour la plupart logés, chauffés, éclairés, trimballés, indemnisés par dessus le marché ; cumul à part !...

S'explique-t-on le prix de 1.200.000 francs pour un Président *en République* ; 100.000 francs, un Premier, 72.000 francs, un Président de Chambre ou de Sénat ; 60.000 francs, un Ministre qui, la veille, était un simple député à *quinze mille* ; 40.000 francs, un Grand Chancelier de la Légion d'honneur ; 30.000 francs, des Présidents de Cours des Comptes, Cassation ; 25.000 francs, des Directeurs généraux ; 20.000 francs, des Directeurs de Cabinet ; 15.000 francs, des Sénateurs, les Députés, des Sous-Directeurs ; 12.000 francs, des chefs de Division ? — et quantité d'autres encore, à commencer par « *Not'hôtel de Ville* » précédemment citée, qui s'y connaît « en gâchis », elle aussi ! et à suivre par certaines de ces Administrations, «dites gérant leurs fonds elles-mêmes», dont le « Grand Pontife » absorbe à lui seul le salaire de 30 à 50 employés : le Gouverneur du Crédit Foncier, par exemple, qui ne gouverne rien du tout, empoche « bon an mal an » 125.000 francs.... et avec cela, superbement logé, éclairé, chauffé par dessus le marché !...

Sous prétexte d'économiser, Ils, les GROS, arrondissent leur bas de laine sur le labeur des petits. — Pourquoi ? parce qu'ILS s'arrogent un pouvoir réel qui n'est que moral pour ne pas dire fictif ; parcequ'ILS savent que les « petits » ne lutteront jamais efficacement contre les « GROS » (grave erreur : agents des Postes et Télégraphes), et ILS en abusent......

C'est toujours l'économie réalisée sur le pauvre soldat Pitou « réduit à un sou » pour le bon profit de son supérieur, seigneur et.... maître.....

Sous un régime « démocratique » comme il est sans cesse ressassé pendant la période électorale « *aux citoulliens* » toujours bonasses, et, tout en tenant compte de la graduation hiérarchique, de la dignité de la charge, de la valeur du poste, — de la compétence de l'occupant, quand il y en a, — il y en a parfois; il paraît raisonnable de ramener à leurs justes proportions les émoluments de la Haute Gabegie fonctionnariste.

Et puis, il y a toujours moyen de concilier les choses: les Fonctionnaires, les Budgétivores aiment avant tout l'ampleur du titre et la décoration — qu'on les décore tous, ils seront plus reconnaissables, mais qu'on les paye moins.... S'il manque de décorations, qu'on en crée d'autres..... celles du.... Maboulalah, par exemple réservée aux 30 ans du « machinalisme;» — ils ont bien celle du « Nichtigam Putifar » (quelque chose comme çà !).........

. . . .

Ceci pour démontrer qu'il est toujours possible « d'économiser » en « rognant » sur les omnipotents et non sur les « salariés »: les premiers, les *repus*, vivent pour manger sans autre souci, les seconds, les *mercenaires*, mangent pour vivre et pour travailler.

En diminuant progressivement et proportionnellement les fastueux émoluments de ces Préposés à la Maladie du Sommeil, pour les ramener, sans être par trop sanguinaire, au taux honnête suivant; l'an:

Président « en Republique Sociale » (1.000 francs par jour) soit 365.000 francs au lieu de 1.200.000 francs.

Président du Conseil 48.000 francs au lieu de 100.000 francs.

Président de Chambre (Sénat ou Députés) 40.000 francs au lieu de 72.000 francs.

Ministres 36.000 francs au lieu de 60.000 francs.

Ambassadeurs et autres agents diplomatiques 28.000, 22.000, 18.000 francs au lieu de 40.000, 30.000, 24.000.

Sans soucis, dits *QUINZE MILLE* 10.000 au lieu de 15.000 francs.

Gouverneurs généraux des Colonies à 50.000, au lieu de 125.000, 115.000, 100.000, 75.000 francs.

Présidents, Vice-Présidents, Cour des Comptes, Cassation, d'Appel, Conseil d'Etat : 20.000 et 16.000 au lieu de 30.000 et 25.000 francs.

Grand Chancelier de la Légion d'honneur 25.000 au lieu de 40.000 francs.

Préfet de la Seine 30.000 au lieu de 50.000 francs.

Préfet de Police 25.000 au lieu de 40.000 francs.

Autres : Préfets, Directeurs, Sous-Directeurs, Chefs de Division à 16.000, 14.000, 12.000, 10.000 etc... au lieu de 20.000,
15.000, 12.000, etc. etc... (il y en a tant !)

Honny soit qui mal y pense.

En unifiant les traitements, les faux frais, à grade
égal :
En imposant à tous les fonctionnaires l'obligation
de gravir les échelons de la carrière ;
En les soumettant tous à la graduation de concours
légaux et surtout impartiaux (plus difficile à obtenir) ;
En limitant le taux maximum de retraite à 3.600
francs pour les Lumières (ou celles croyant l'être)
afin de faciliter l'abaissement de la limite d'âge à 55
ans au lieu de 60, belle œuvre humanitaire à accomplir !

ON REALISERAIT :

15ᵐᵉ *Economie au Trésor Public :*

Budget actuel (Exercice 1909) 4.005.224.676 *Récapitulation*
A déduire :

```
1er Total
par suppression 22.333.500... )
                               )  75.818.002      75.818.002
  2e Total                     )
par réduction   53.484.502... )
```

3e total par diminution
(évaluation moyenne du quart) 3.929.406.674 : 4 = 982.351.668

soit.............. 1.058.169.670
à déduire : Eventualités à prévoir (1/20ᵉ) ci..... 52.908.484

Au total **1.005.261.186**

Le chiffre de 982.351.668 francs à trouver, ramené par déduc-
tion à (982.351.668 — 52.908.484) soit 929.443.184 francs bien
qu'excessif, n'a rien d'insurmontable comparativement au prix de
revient exhorbitant de la tête de ce Tœnia quadrancéphale
*(engendré par le Pouvoir Exécutif, Législatif, Judiciaire et
surtout J'm'enfoutiste)...*

Un Poincarré, ministre intègre, trouverait encore le moyen dans son ingéniosité mathématique, de faire rapporter une trentaine de millions à cette masse par « surcapitalisation » sans abaisser le taux de la rente, sans qu'il en coûte un centime de plus aux contribuables, pour permettre de relever progressivement à commencer par les plus bas, tous les petits traitements des « *assimilés fonctionnaires* » dont le sort est aussi intéressant que celui de la classe ouvrière. C'est eux seuls qui ont véritablement la tâche ingrate d'assurer « en silence » mieux vaudrait lire « en étouffoir » — l'épais travail ad-mi-nis-tra-tif bien autrement lourd que le Char de l'État!

En résumé :

Par une répression énergique des abus du Fonctionnarisme, la plus grande calamité du siècle, au moyen de l'ultime remède préconisé, un Gouvernement soucieux de l'intérêt vital du pays, de sa prospérité future, pourrait « réduire » les Dépenses Publiques comme suit:

Budget actuel, d'iniquité	4.005.224.676 fr. soit	4 Milliards
Budget rationnel, d'équité	2.999.963.940 fr. soit	3 Milliards
Economie par épuration	1.005.261.186 fr. soit	**UN MILLIARD**

Véritable bienfait National

C. Q. F. D.

Aux prolétaires, salariés ouvriers ou employés, tous électeurs, (mais hélas! aussi, tous exploités,) de ne plus se laisser « *berner* » par de vaines promesses et de se souvenir en temps utile, c'est-à-dire aux futures élections de 1910, que ce petit opuscule indique pratiquement:

LE MOYEN D'ECONOMISER UN MILLIARD!!!

Conclusion

Le Fonctionnarisme est un poison lent et
sûr ; — indice certain de la décadence
des peuples du Vieux Continent.
ALEXANDRE,

De ce qui précède, il appert que le but à pour-
suivre sans relâche, sans distinction de caste ou de
parti est « l'épuration complète de cette bande de ra-
paces ; et, fils du peuple, dont la masse imposante lon-
gue à « émouvoir » a prouvé en 1789 aux yeux de l'Europe étonnée, les grandes et belles choses qu'elle
peut accomplir au « summum de l'ébulition », je
compte beaucoup sur le Peuple qui sera toujours
« Suprême juge de la Nation » pour m'aider dans
cette tâche de SALUT PUBLIC !....

*Aussi, ne crains-je pas d'insister près la classe
laborieuse* qui, seule courbée sous le joug du despo-
tisme actuel ; qui, seule paie largement, sans murmu-
rer, (ou si peu !), et encore, et toujours, l'entretien
de cette catégorie de « Rongeurs » ; les fonctionnaires,
la plupart ignares, noceurs, paradeurs, flatteurs, ob-
séquieux, sots, plats, prétentieux, fats.... ouf, — tous,
plus incasables les uns que les autres ; pour l'inciter
à combattre énergiquement cette race de « Budgétivores, la plus grande calamité du siècle.....

Il est d'une importance capitale pour elle, d'écraser
à tout jamais ce nouvel « Hydre de Lerne » qu'est
le Fonctionnarisme en cette époque d'aristocratie
« néronnienne ».

Et, d'ailleurs, il reste assez de vieux sang gaulois
non « avarié » pour permettre au Peuple mécontent.
écœuré, dont la colère sourde gronde, monte sans
cesse, d'imposer enfin sa propre volonté à ce gouvernement de fantoches....

Le jour solennel est proche, les futures élections des « Quinze Mille » aussi; et, quand l'action populaire aura... donné... cette nouvelle Bastille, le Fonctionnarisme, mastodonte du siècle, tache de l'histoire contemporaine, plaie sociale, ne sera plus qu'une « loque humaine »..........

Pour accomplir cette œuvre de salubrité publique, ne l'oublions pas, il nous faut: 1° de la cohésion, de la décision, de la ténacité; 2° frapper haut, dur et ferme.

Alors, seulement, nos enfants, nos petits enfants, nous peut-être, pourrons ajouter à la devise de la grande Révolution: « Liberté, Egalité, Fraternité ». le mot « HON-NÈ-TE-TÉ ».

... Premier jalon de l'évolution future !

AEM.

Table des Matières

31